Diplom-Volkswirt Peter Collier
Dipl.-Betriebswirt (BA) Volker Wedde
Dipl. Betriebswirt Norbert Hitter

Formelsammlung

für Handelsfachwirte
und andere IHK-Fortbildungsprüfungen

4., überarbeitete Auflage

weConsult-Verlag

4., überarbeitete Auflage 2024
Umschlaggestaltung: Anita Schreiner, Würzburg
weConsult-Verlag GbR
www.weConsult-Verlag.de
peter@collier.de
ISBN: 978-3-948633-39-4
Auslieferung: Medien-Service Runge GmbH, Bergstr. 2, 33803 Steinhagen,
Tel. 05204-9980, msr@rungeva.de
Druck cpi-print, Leck

Vorwort

Im Herbst 2008 haben die Industrie- und Handelskammern eine verbindliche Aufstellung von Hilfsmitteln beschlossen, die in Prüfungen unkommentiert benutzt werden dürfen. Dies betrifft die Prüfungen Gepr. Handelsfachwirt, Gepr. Handelsassistent, Gepr. Betriebswirt, Gepr. Industriemeister (Fachrichtungen Chemie, Digital- und Printmedien, Elektrotechnik, Mechatronik, Metall), Gepr. Medienfachwirt, Gepr. Techn. Betriebswirt, Gepr. Techn. Fachwirt, IHK Dienstleistungsfachwirte-Familie, Gepr. Industriefachwirt sowie die IHK Weiterbildungsprüfung Wirtschaftsbezogene Qualifikation.

Wir haben mit dieser Formelsammlung dem Wunsch der angehenden Fachwirte entsprochen, schnell eine Formel wiederzufinden, die oft gerade dann nicht präsent ist, wenn man sie braucht. Mit dem Stichwortverzeichnis am Schluss ist dies leicht. Eine Nutzung in der Prüfung selbst ist zwar nicht möglich – umso wichtiger ist die Vorbereitung. Wir wünschen Ihnen, dass Sie jederzeit die benötigte Formel parat haben!

Im Februar 2024

Peter Collier   Norbert Hitter   Volker Wedde

Inhaltsverzeichnis

I BWL, FINANZIERUNG, ORGANISATION, RECHNUNGSWESEN

I.1 Produktivität

$$\frac{\text{Produktionsmenge}}{\text{Faktoreinsatzmenge}}$$

I.2 Marktanteil

$$\frac{\text{Umsatz} \times 100}{\text{Marktvolumen}}$$

I.3 Marktanteil, relativer

$$\frac{\text{Umsatz} \times 100}{\text{Umsatz des Marktführers}}$$

I.4 Zinsen

$$\frac{\text{Kapital} \times \text{Zinssatz in \%} \times \text{Tage}}{100 \times 360}$$

I.5 Verschuldungsgrad

$$\frac{\text{Fremdkapital}}{\text{Eigenkapital}} \text{x} 100$$

I.6 Zins eines Lieferantenkredits

$$\frac{\text{Skontosatz in \%} \times 360}{(100 - \text{Skontosatz in \%}) \times \text{Tage}}$$

I.7 Gesamtkapitalrentabilität

$$\frac{\text{Gewinn} + \text{Fremdkapitalzinsen}}{\text{Gesamtkapital}} \times 100$$

I.8 Cash Flow (vereinfachte Ermittlung)

Jahresüberschuss / -fehlbetrag
+ Abschreibungen auf das Anlagevermögen
+ Erhöhung bzw.
- Auflösung von langfristigen Rückstellungen (Pensionsr.) und von Sonderposten mit Rücklageanteil

---

= Cashflow

I.9 Cashflow (nach DVFA/SG)

Jahresüberschuss / -fehlbetrag
+ Abschreibungen auf Gegenstände des Anlagevermögens
- Zuschreibungen zu Gegenständen des Anlagevermögens
+/- Veränderungen der Rückstellungen für Pensionen bzw. anderer langfristiger Rückstellungen
+/- Veränderungen der Sonderposten mit Rücklageanteil
+/- andere nicht zahlungswirksame Aufwendungen und Erträge von wesentlicher Bedeutung

---

= Jahres-Cashflow
+/- Bereinigung ungewöhnlicher zahlungswirksamer Aufwendungen / Erträge von wesentlicher Bedeutung

---

= Cash Flow nach DVFA/SG

I.10 Abschreibung, linear

$$\frac{\text{Anschaffungskosten}}{\text{Nutzungsdauer}}$$

I.11 Abschreibung, degressiv

$$\left(1-\sqrt[n]{\frac{\text{Restbuchwert}}{\text{Anschaffungskosten}}}\right)\times 100$$

n = Anzahl der Nutzungsjahre

oder

Vereinfachte Formel für bewegliche Wirtschaftsgüter des Anlagevermögens, die 2009 oder 2010 angeschafft wurden:

$$\frac{\text{Anschaffungskosten}}{\text{Nutzungsdauer}} \times 2{,}5 \leq 25\ \%$$

I.12 Rückstellungen

Verbindlichkeiten, die zwar dem Grunde, nicht aber der Höhe nach feststehen!

I.13 Eigenkapitalquote

$$\frac{\text{Eigenkapital}\times 100}{\text{Gesamtkapital}}$$

I.14 Fremdkapitalquote

$$\frac{\text{Fremdkapital} \times 100}{\text{Gesamtkapital}}$$

I.15 Rentabilität (Rendite)

$$\frac{\text{Gewinn} \times 100}{\text{Kapital}}$$

I.16 Eigenkapitalrentabilität

$$\frac{\text{Gewinn} \times 100}{\text{Eigenkapital}}$$

I.17 Umsatzrentabilität

$$\frac{\text{Gewinn} \times 100}{\text{Umsatz}}$$

I.18 Liquidität 1. Grades

$$\frac{\text{Barmittel} \times 100}{\text{Kurzfristiges Fremdkapital}}$$

I.19 Liquidität 2. Grades

$$\frac{(\text{Barmittel} + \text{kurzfristige Forderungen}) \times 100}{\text{Kurzfristiges Fremdkapital}}$$

I.20 Liquidität 3. Grades

$$\frac{(\text{Barmittel} + \text{kurzfristige Forderungen} + \text{Vorräte}) \times 100}{\text{Kurzfristiges Fremdkapital}}$$

I.21 Kapitalumschlag

$$\frac{\text{Umsatz}}{\text{Gesamtkapital}}$$

I.22 Return on Investment (ROI)

Umsatzrentabilität x Kapitalumschlag =

$$\frac{\text{Gewinn}}{\text{Umsatz}} \times \frac{\text{Umsatz}}{\text{Kapital}}$$

Die Formel zeigt die einzelnen Bestimmungsgrößen auf, mit denen sich der ROI und damit die Fähigkeit, Investitionen zu tätigen, beeinflussen lässt.

I.23 Aufwendungen und Kosten

Neutraler Aufwand (betriebsfremder, außerordentlicher und periodenfremder Aufwand)	Zweckaufwand = kostengleicher Aufwand	
	Grundkosten = aufwandsgleiche Kosten	Zusatzkosten Anderskosten

I.24 Kostenrechung, Teilbereiche

Kostenartenrechnung – Kostenstellenrechnung – Kostenplatzrechnung – Kostenträgerrechnung

I.25 Arten der Kostenträgerrechung

- Kostenträgerstückrechnung (Kalkulation)
- Kostenträgerzeitrechnung

I.26 Kostengliederung

Einzelkosten	—	Gemeinkosten
Fixe Kosten	—	Variable Kosten

I.27 Leverage-Formel

- Fremdzinsen < Rendite des Gesamtkapitals: Je höher die Fremdfinanzierung desto *höher* die Rendite des EK
- Fremdzinsen > Rendite des Gesamtkapitals: Je höher die Fremdfinanzierung desto *kleiner* die Rendite des EK

$$\text{Eigenkapitalrendite} = \text{Gesamtkapitalrendite} + (\text{Gesamtkapitalrendite} - \text{Fremdkapitalzinssatz}) \times \frac{\text{FK}}{\text{EK}}$$

I.28 Kostenverläufe

a: Fixkosten

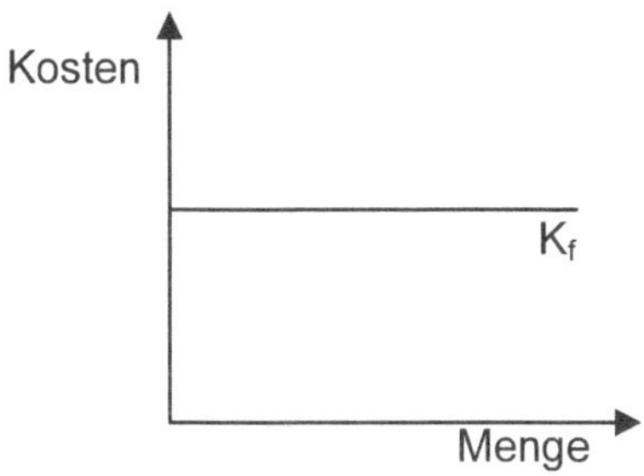

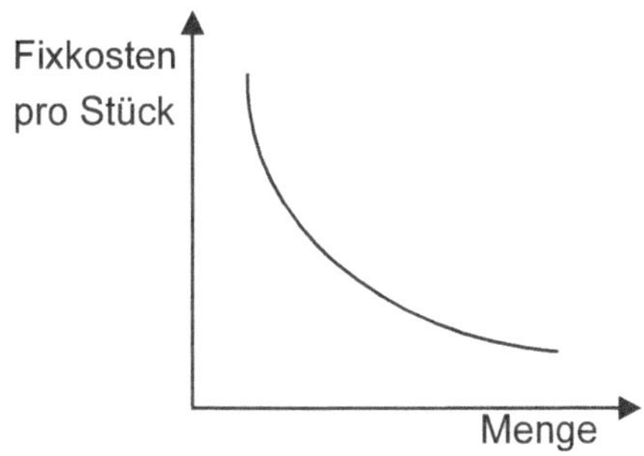

b: Variable Kosten

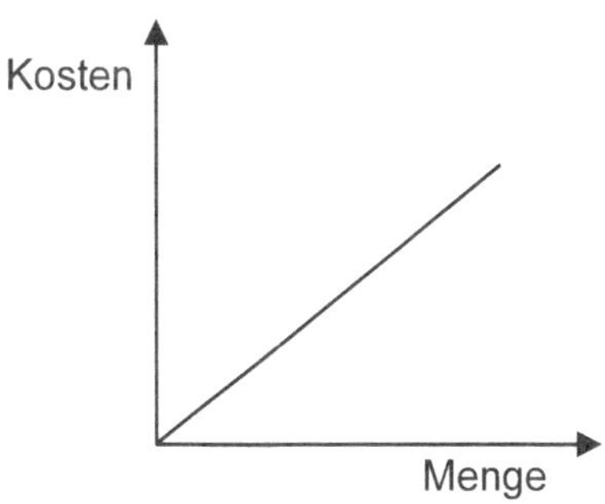

Gesamtkosten

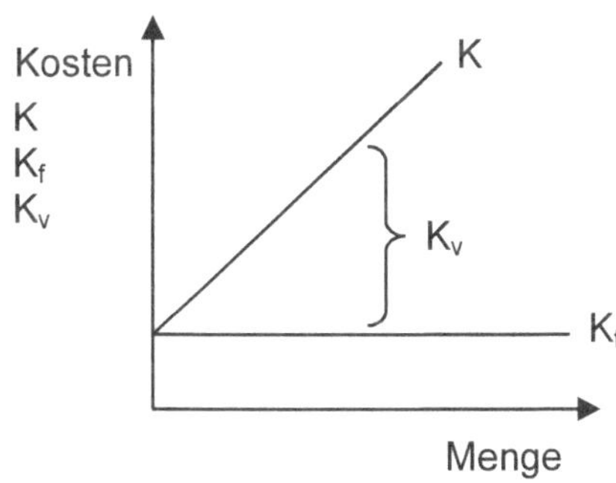

K	= Gesamtkosten
K_f	= Fixkosten
K_v	= Variable Kosten

c: Sprungfixe Kosten

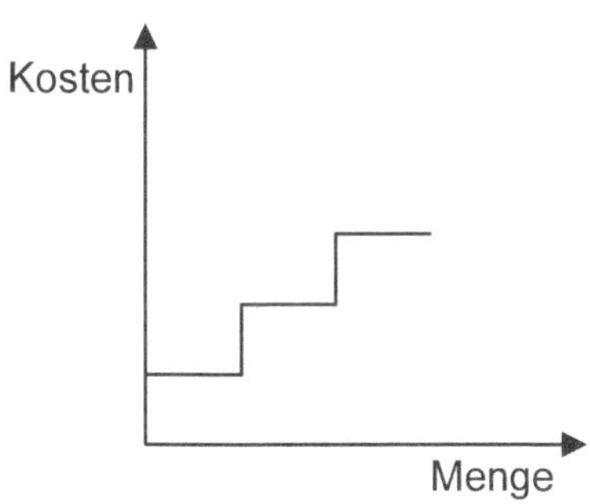

I.29 Handlungskostenzuschlag

$$\frac{\text{Handlungskosten} \times 100}{\text{Einstandspreis}}$$

I.30 Kalkulatorische und bilanzielle Abschreibung

Kalkulatorische Abschreibung:

- geht aus vom Wiederbeschaffungswert
- geht aus von der tatsächlichen Nutzungsdauer

Bilanzielle Abschreibung

- geht aus vom Anschaffungswert
- geht aus von vorgegebenen AfA-Tabellen

I.31 Vorwärtskalkulation

Einstandspreis
+ Handlungskosten
= Selbstkostenpreis
+ Gewinn
= Barverkaufspreis
+ Skonto
= Zielverkaufspreis
+ Rabatt
= Listenpreis

I.32 Rückwärtskalkulation

Listenpreis
- Rabatt
= Zielverkaufspreis
- Skonto
= Barverkaufspreis
- Gewinn
= Selbstkostenpreis
- Handlungskosten
= Einstandspreis

I.33 Handelsspanne in %

$$\frac{(\text{Verkaufspreis} - \text{Bezugspreis}) \times 100}{\text{Verkaufspreis}}$$

I.34 Kalkulationszuschlag in %

$$\frac{\text{Rohertrag}(€) \times 100}{\text{Einstandspreis}} \text{ bzw.}$$

$$\frac{(\text{Verkaufspreis} - \text{Einstandspreis})}{\text{Einstandspreis}} \times 100$$

I.35 Kalkulationsabschlag in %

$$\frac{\text{Rohertrag}(€) \times 100}{\text{Verkaufspreis}} \text{ bzw.}$$

$$\frac{(\text{Verkaufspreis} - \text{Einstandspreis})}{\text{Verkaufspreis}} \times 100$$

I.36 Gemeinkostenzuschlagsatz in %

$$\frac{\text{Gemeinkosten x 100}}{\text{Bezugsgröße (im Handel z. B. Wareneinsatz)}}$$

I.37 Deckungsbeitragsrechnung

Umsatz
- variable Kosten
= Deckungsbeitrag I
- produktfixe Kosten
= Deckungsbeitrag II
- warengruppenfixe Kosten
= Deckungsbeitrag III
- unternehmensfixe Kosten
= Betriebsgewinn

I.38 Break-Even-Point (BEP)

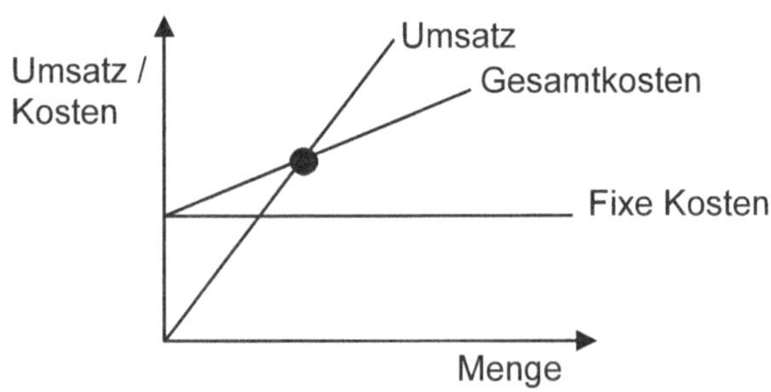

$$\frac{\text{fixe Kosten}}{\text{Stückerlös - variable Stückkosten}} = \frac{K_f}{p - K_v}$$

I.39 Wareneinsatz

Anfangsbestand + Wareneingänge - Warenendbestand

I.40 Anlagenintensität in %

$$\frac{\text{Anlagevermögen} \times 100}{\text{Gesamtvermögen} (= \text{Bilanzsumme})}$$

I.41 Umlaufintensität in %

$$\frac{\text{Umlaufvermögen} \times 100}{\text{Gesamtvermögen} (= \text{Bilanzsumme})}$$

I.42 Vorratsintensität in %

$$\frac{\text{Vorräte} \times 100}{\text{Gesamtvermögen} (= \text{Bilanzsumme})}$$

I.43 Forderungsintensität in %

$$\frac{\text{Kundenforderungen} \times 100}{\text{Gesamtvermögen} (= \text{Bilanzsumme})}$$

I.44 Bruttorentabilität (wirtschaftliche Rentabilität), Gesamtkapitalrentabilität in %

$$\frac{(\text{Unternehmensgewinn} + \text{Fremdkapitalzinsen}) \times 100}{\text{Durchschn. Gesamtkapital}}$$

I.45 Nettorentabilität (finanzielle Rentabilität) in %

$$\frac{\text{Unternehmensgewinn} \times 100}{\text{Durchschn. Gesamtkapital}}$$

I.46 Schuldentilgungsdauer

$$\frac{\text{Fremdkapital - liquide Mittel}}{\text{Cash Flow}}$$

I.47 Verschuldungsfaktor

$$\frac{\text{Gesamtverschuldung (Nettoverschuldung bzw. Fremdkapital)}}{\text{Cash Flow}}$$

I.48 Umschlagshäufigkeit des Kapitals

$$\frac{\text{Umsatzerlöse}}{\text{durchschn. Gesamtkapital}}$$

I.49 Marktanteil-Marktwachstum-Portfolio

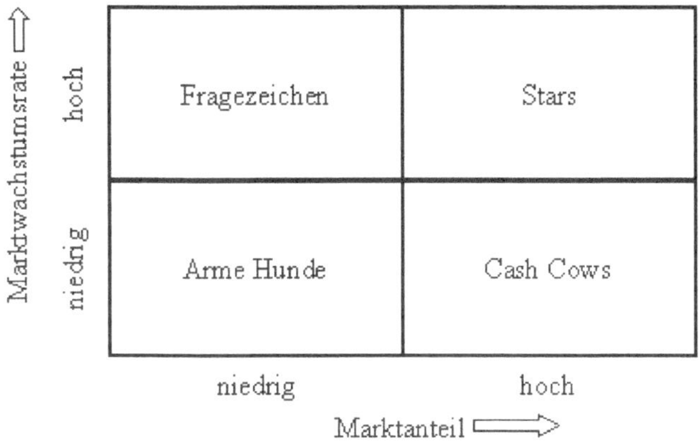

I.50 Personalleistung

$$\frac{\text{Umsatzerlöse}}{\text{Zahl der Mitarbeiter (in Vollzeit)}}$$

I.51 Raumleistung

$$\frac{\text{Umsatzerlöse}}{\text{Verkaufsfläche (in qm)}}$$

I.52 Reinvermögen

Summe der Vermögensteile
- Summe der Schulden

= Reinvermögen (Eigenkapital)

I.53 Arithmetisches Mittel, einfaches

$$\frac{\text{Summe der Werte}}{\text{Summe der Häufigkeiten}} \text{ oder } \bar{x} = \frac{\sum x}{n}$$

I.54 Arithmetisches Mittel, gewogenes

$$\frac{\text{Summe (Werte} \times \text{Häufigkeiten)}}{\text{Summe Häufigkeiten}} \text{ oder } \bar{x} = \frac{\sum (x \times f)}{\sum f}$$

I.55 Niederstwertprinzip, strenges

- wenn Anschaffungskosten > Zeitwert: Bewertung zum Zeitwert
- wenn Anschaffungskosten < Zeitwert: Bewertung zum Anschaffungswert

I.56 Kennzahlen zur Anlagendeckung

- Anlagendeckung $\frac{\text{Eigenkapital} \times 100}{\text{Anlagevermögen}}$

- Anlagendeckung II (Goldene Bilanzregel)

$$\frac{(\text{Eigenkapital} + \text{langfr. Fremdkapital}) \times 100}{\text{Anlagevermögen}}$$

- Anlagendeckung III (Goldene Finanzierungsregel)

$$\frac{(\text{Eigenkapital} + \text{langfr. Fremdkapital}) \times 100}{\text{Anlagevermögen} + \text{langfr. Umlaufvermögen}}$$

Anlagedeckung sollte > 100 % sein!

I.57 Limitrechnung

Nettoumsatz (Vorjahr)
+ geplante Zunahme
= Nettoumsatz (neues Jahr)
- Handelsspanne
= Wareneinsatz zu Einstandspreisen /Bruttolimit
./. Umschlagshäufigkeit
= durchschn. Lagerbestand
x 2
- Anfangsbestand
= geplanter Endbestand
+/- geplanter Lageranbau/-abbau
= Nettolimit (=Gesamtlimit)
- Limitreserve
= freies Limit
- laufende Bestellungen
= Restlimit

I.58 EBIT

Jahresüberschuss
+/- Außerordentliches Ergebnis
+/- Ertragssteuer
+/- Zinsaufwendungen
= EBIT (Earnings Before Interest and Taxes)

I.59 EBITDA

EBIT
+ Abschreibungen
= EBITDA (Earnings Before Interest, Taxes, Depreciation and Amortisation)

I.60 EBT

Jahresüberschuss
+/- Ertragssteuern
= EBT (Earnings Before Taxes)

I.61 MVA (Market Value Added)

Marktwert - Geschäftsvermögen

I.62 EVA (Economic Value Added)

Betriebsergebnis - Steuern - Kosten des eingesetzten Kapitals

I.63 Zinsrechnung / Jahr

- Zinsen = $\frac{\text{Kapital} \times \text{Zinssatz (\%)} \times \text{Anzahl der Jahre}}{100}$

- Zinssatz = $\frac{\text{Zinsen} \times 100}{\text{Kapital} \times \text{Anzahl der Jahre}}$

I.64 Zinsrechnung / Tag

- Zinsen = $\frac{\text{Kapital} \times \text{Zinssatz (\%)} \times \text{Anzahl der Tage}}{100 \times 360}$

- Zinssatz = $\frac{\text{Zinsen} \times 100 \times 360}{\text{Kapital} \times \text{Anzahl der Tage}}$

I.65 Zinseszins

- $\text{Kapital}_{\text{nach n Jahren}} = \text{Anfangskapital} \times (1 + \frac{\text{Zinssatz}}{100})^{\text{Anzahl der Jahre}}$

I.66 Kalkulatorische Zinsen

Betriebsnotwendiges Anlagevermögen
+ Betriebsnotwendiges Umlaufvermögen
= Betriebsnotwendiges Vermögen
- Abzugskapital / zinslos zur Verfügung gestelltes Fremdkapital
= Betriebsnotwendiges Kapital

Betriebsnotwendiges Kapital x kalkulatorischer Zinsfuß

I.67 Betriebsgewinn / -verlust

Umsatzerlöse der Periode
- variable Kosten der Periode
= Deckungsbeitrag
- fixe Kosten
= Betriebsergebnis der Periode

I.68 Fixe Kosten

= Leerkosten + Nutzkosten

I.69 Nutzkosten

= Fixkosten x Beschäftigungsgrad

I.70 Leerkosten
= Fixkosten – Nutzkosten

I.71 Betriebserfolg
= Betriebserträge - Betriebsaufwendungen

I.72 Neutraler Erfolg
= neutrale Erträge - neutrale Aufwendungen

I.73 Gesamterfolg
= Gesamterträge - Gesamtaufwand

I.74 Betriebsergebnis
= Leistungen – Kosten

II MARKETING

II.1 Einstandspreis

Listenpreis
./. Rabatte
= Zieleinkaufspreis
./. Skonti
= Bareinkaufspreis
\+ Bezugskosten
= Einstandspreis

II.2 Auftragsreichweite

$$\frac{\text{Auftragsbestand}}{\text{Umsatz der letzten 12 Monate}} \times 360$$

II.3 Häufigkeit, relative

$$\text{relative Häufigkeit} \frac{\text{absolute Häufigkeit} \times 100}{\text{Gesamte Beobachtungswerte}}$$

II.4 Spannweite

$x_{max} - x_{min}$ (größter Wert – kleinster Wert)

II.5 Abweichung, einfache durchschnittliche

$$\frac{\text{Summe absolute Abweichungen v. Mittelwert}}{\text{Anzahl der Werte}} \text{ oder } e = \frac{\sum|x-\bar{x}|}{n}$$

II.6 Abweichung, gewogene durchschnittliche

$$\frac{\text{Summe (absolute Abweichungen v. Mittelwert} \times \text{Häufigkeit}}{\text{Summe der Häufigkeiten}}$$

$$\text{oder } e = \frac{\sum(|x-\bar{x}| \times f)}{\sum f}$$

II.7 Variationskoeffizient

$$\frac{\text{durchschnittliche Abweichung} \times 100}{\text{arithmetisches Mittel}}$$

$$\text{oder } V = \frac{e \times 100}{\bar{x}}$$

II.8 Gliederungszahl

$$\frac{\text{Teilmasse} \times 100}{\text{Gesamtmasse}}$$

II.9 Beziehungszahl

$$\frac{\text{Masse A}}{\text{Masse B}}$$

II.10 Messzahl

$$\frac{\text{Masse A 1}}{\text{Masse A 2}}$$

II.11 Indexzahlen, ausgewählte

- Preisindex

$$\frac{\sum(\text{Preise des Berichtsjahres} \times \text{Mengen des Basisjahres})}{\sum(\text{Preise des Basisjahres} \times \text{Mengen des Basisjahres})} \times 100$$

oder $\frac{\sum(p_1 \times q_0)}{\sum(p_0 \times q_0)} \times 100$

- Mengenindex

$$\frac{\sum(\text{Preise des Basisjahres} \times \text{Mengen des Berichtsjahres})}{\sum(\text{Preise des Basisjahres} \times \text{Mengen des Basisjahres})} \times 100$$

oder $\frac{\sum(p_0 \times q_1)}{\sum(p_0 \times q_0)}$

- Wertindex / Laspeyres-Index

$$\frac{\sum(\text{Preise des Berichtsjahres} \times \text{Mengen des Berichtsjahres})}{\sum(\text{Preise des Basisjahres} \times \text{Mengen des Basisjahres})} \times 100$$

oder $\frac{\sum(p_1 \times q_1)}{\sum(p_0 \times q_0)}$

II.12 Distribution, numerische

$$\frac{\text{Anbieter des Produkts x}}{\text{Summe aller Anbieter der Branche}}$$

II.13 Distribution, gewichtete

$$\frac{\text{Umsatz der Anbieter des Produkts x}}{\text{Gesamtumsatz der Branche}}$$

II.14 Typen informaler Experimente

EBA	EB-CA	EA-CA	EBA-CBA

E = Experimental Group - C = Control Group
B = Before - A = After

II.15 Weitester Leserkreis (WLK)

Alle Personen, die mindestens eine Ausgabe in den letzten 12 Erscheinungsintervallen gelesen haben.

$$\frac{\text{Summe der Fallzahlen}}{\text{Gesamtanzahl der Befragten}}$$

II.16 K1-Wert

Durchschnittliche Leserschaft einer Zeitung oder Zeitschrift

$$\frac{\sum(\text{Anzahl der Ausgaben des Mediums} \times \text{Fallzahl})}{\text{Gesamtanzahl der Befragten}}$$

II.17 Leser pro Nummer (LpN)

Zahl der Personen, die eine bestimmte Ausgabe einer Zeitung oder Zeitschrift gelesen haben. Erhebung mittels Befragung.

II.18 Leser pro Ausgabe (LpA)

$$\frac{\text{Summe der Leser pro Nummer im Erscheinungsintervall}}{\text{Anzahl der Ausgaben im Erscheinungsintervall}}$$

II.19 Leser pro Exemplar (LpE)

$$\frac{\text{Summer der Leser im Erscheinungsintervall}}{\text{verbreitete Auflage im Erscheinungsintervall}}$$

II.20 Durchschnittskontakte

$$\frac{\text{Bruttoreichweite (Kontakte)}}{\text{Nettoreichweite (Nutzer)}}$$

II.21 Tausendkontaktpreis (TKP)

$$\frac{\text{Kosten der Werbeschaltung} \times 1000}{\text{Summe der Kontakte}}$$

II.22 Tausend-Leser-Preis (TLP)

$$\frac{\text{Anzeigenpreis (mm oder Seite)} \times 1000}{\text{Leser pro Ausgabe}}$$

Analog: Tausend-Hörer-Preis und Tausend-Seher-Preis

II.23 Aktionskontaktpreis $\frac{\text{Aktionskosten}}{\text{erwartete Kontakte}}$

II.24 Arithmetisches Mittel, einfaches

$$\frac{\text{Summe der Werte}}{\text{Summe der Häufigkeiten}} \text{ oder } \bar{x} = \frac{\sum x}{n}$$

II.25 Arithmetisches Mittel, gewogenes

$$\frac{\text{Summe (Werte} \times \text{Häufigkeiten)}}{\text{Summe Häufigkeiten}} \text{ oder } \bar{x} = \frac{\sum (x \times f)}{\sum f}$$

II.26 Modus

Häufigster Wert in einer Merkmalsverteilung

II.27 Median (Zentralwert)

Der in der Mitte einer geordneten Zahlenreihe stehende Wert

$$x_{med} = \frac{f_{kum} + 1}{2}$$

f_{kum} = Anzahl / Häufigkeit des Auftretens eines Merkmalswertes

II.28 Stichprobenumfang

$$n = \frac{t^2 \times p \times q}{e^2}$$

n= Stichprobenumfang | t = Sicherheitsfaktor
p = Anteilsmerkmal 1 der Stichprobe | q = Anteilsmerkmal 2 der Stichprobe
e = Fehlertoleranz

II.29 Stichprobenfehler

$$|e| = t\sqrt{\frac{p \times q}{n}}$$

n= Stichprobenumfang
t = Sicherheitsfaktor
p = Anteilsmerkmal 1 der Stichprobe
q = Anteilsmerkmal 2 der Stichprobe
e = Fehlertoleranz

II.30 Zahl der Außendienstmitarbeiter, Berechnung

$$Z_{AD} = \frac{\sum(\text{Zahl der Kunden}_i \times \text{Besuchsfrequenz}_i)}{\text{Tagesbesuchsrate} \times \text{Zahl der Arbeitstage}}$$

z. B. i = A-Kunden, B-Kunden, C-Kunden, Neukunden

II.31 GAP-Analyse, einfache

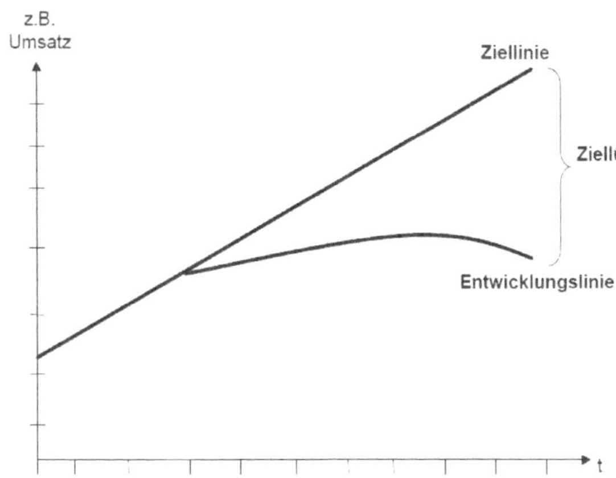

Weiter:

Differenzierte Gap-Analyse mit weiterer Einteilung der strategischen und operativen Ziellücke

II.32 Swot-Matrix

		Interne Analyse	
		Stärken (**S**trength)	Schwächen (**W**eaknesses)
Externe Analyse	Chancen (**O**pportunities)	S-O-Strategie = Stärken ausbauen	W-O-Strategie = Schwächen abbauen
	Risiken (**T**hreats)	S-T-Strategie = Risiken vorbeugen	W-T-Strategie = meiden

II.33 Produkt-Markt-Matrix nach Ansoff

Markt \ Produkte	**Bestehende Produkte**	**Neue Produkte**
Bestehende Märkte	Marktdurchdringung	Produktinnovation
Neue Märkte	Marktentwicklung	Diversifikation

II.34 Wettbewerbsmatrix nach Porter

		Strategischer Vorteil	
		Singularität aus Käufersicht	**Kostenvorsprung**
Strategisches Ziel	**Branchenweit**	Differenzierung	Kostenführerschaft
	Segment der Branche	Fokussierung	

II.35 Produktlebenszyklus

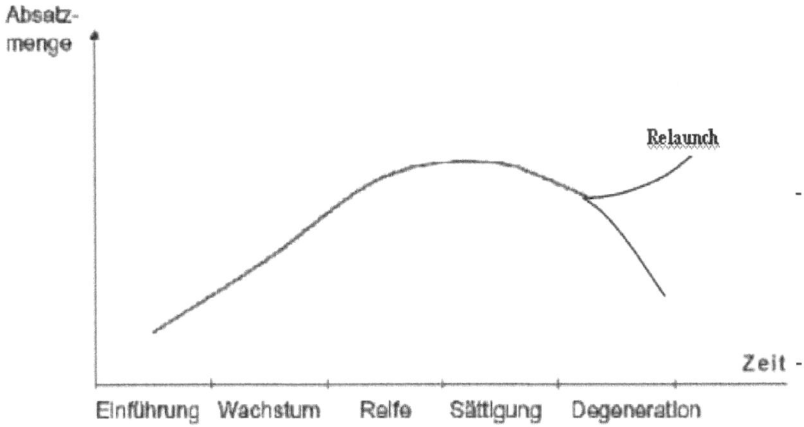

II.36 Marktpotenzial
Die maximal mögliche Aufnahmefähigkeit eines Marktes (z.B. Zahl der möglichen Kunden • Bedarf)

II.37 Marktvolumen
Das Marktvolumen gibt die realisierten Umsätze eines Marktes an.

Verkaufte Einheiten • Verkaufspreis

II.38 Marktanteil

Mengen- bzw. wertmäßiger Anteil eines Unternehmens am Marktvolumen:

$$\frac{\text{Eigener Umsatz bzw. Absatz} \times 100}{\text{Marktvolumen}}$$

II.39 Marktsättigung

$$\frac{\text{Marktvolumen} \times 100}{\text{Marktpotential}}$$

II.40 Marktwachstumsrate

$$\frac{\text{Zusätzliches Marktvolumen} \times 100}{\text{Marktvolumen Vorperiode}}$$

II.41 Kundenstruktur

$$\frac{\text{Zahl der Neukunden} \times 100}{\text{Zahl der Gesamtkunden}}$$

II.42 Preisnachlassquote

$$\frac{\text{Preisnachlässe} \times 100}{\text{Umsatzerlöse}}$$

II.43 Preisnachlassstruktur

$$\frac{\text{Preisnachlässe für Produkt A} \times 100}{\text{Umsatzerlöse}}$$

II.44 Auftragsreichweite

$$\frac{\text{Auftragsbes tan d} \times 360}{\text{Umsatz der vergangenen 12 Monate}}$$

II.45 Werbekostenanteil

$$\frac{\text{Werbeausgaben}}{\text{Gesamtkosten oder Umsatz}}$$

II.46 Werbeerfolg

$$\frac{\text{Umsatzzuwachs} \times 100}{\text{Aufwendungen der Werbeaktion}}$$

II.47 Rücklaufquote einer Werbeaktion

$$\frac{\text{Zahl der Antworten} \times 100}{\text{Zahl der Werbeadressaten}}$$

II.48 Kauferfolg

$$\frac{\text{Zahl der Bestellungen} \times 100}{\text{Zahl der Werbeadressaten}}$$

II.49 Conversion Rate

$$\frac{\text{Zahl der Abschlüsse}}{\text{Zahl der Besucher einer Homepage}}$$

Die Conversion Rate (CRV) bezeichnet im Online-Marketing die Anzahl der Abschlüsse, gemessen an der Zahl der Besucher einer Homepage.

II.50 Abwanderungsrate

$$\frac{\text{Zahl der Kunden, die eine Leistung nicht mehr in Anspruch nehmen}}{\text{Zahl aller Kunden}}$$

II.51 Net Promoter Score

Der NPS misst Kundenzufriedenheit und Kundenloyalität. Mit einer einfachen Frage wie dieser lässt sich z.B. die Kundenzufriedenheit erfassen: „Wie wahrscheinlich ist es, dass Sie das Produkt X einer Freundin weiterempfehlen?“ Das Ergebnis wird auf einer Scala von 1-9 festgehalten. (1=absolut unwahrscheinlich; 9=sehr wahrscheinlich.)

III FÜHRUNG UND PERSONALMANAGEMENT

III.1 Lohnarten

- Zeitlohn: Stundenlohn x Zahl der Stunden
- Akkordlohn: Verdienst richtet sich nach der erbrachten Leistung

III.2 Personalkostenquote

$$\frac{\text{Personalkosten} \times 100}{\text{Umsatz}}$$

III.3 Umsatz je Beschäftigten

$$\frac{\text{Umsatz}}{\text{Beschäftigte}}$$

III.4 Auszubildendenanteil

$$\frac{\text{Zahl der Auszubildenden}}{\text{Zahl der Vollzeitarbeitsplätze}}$$

III.5 Personalfluktuation

$$\frac{\text{Personalabgang innerh. eines Jahres}}{\text{Anzahl der Mitarbeiter}}$$

III.6 Krankenstand

$$\frac{\text{Zahl der Krankheitstage insgesamt}}{\text{Zahl der tariflichen Arbeitstage}}$$

III.7 Fehlzeitenquote

$$\frac{\text{Fehlzeiten} \times 100}{\text{Sollarbeitszeit}}$$

III.8 Durchschnittliche Arbeitszeit

$$\frac{\text{Arbeitsstunden der Mitarbeiter}}{\text{Anzahl der Mitarbeiter}}$$

III.9 Entlassungskoeffizient

$$\frac{\text{Anzahl der Entlassungen}}{\text{Anzahl der Mitarbeiter}}$$

III.10 Unfallkoeffizient

$$\frac{\text{Anzahl der Unfälle}}{\text{Anzahl der Mitarbeiter}}$$

III.11 Verfügbarkeitsquote

$$\frac{(\text{Sollarbeitszeit - betriebliche und individuelle Ausfallzeiten}) \times 100}{\text{Sollarbeitszeit}}$$

III.12 Leerzeitenquote

$$\frac{\text{Zeit am Arbeitsplatz ohne Arbeit} \times 100}{\text{Sollarbeitszeit}}$$

III.13 Beschäftigungsgrad

$$\frac{\text{Istbeschäftigung}}{\text{Planbeschäftigung}}$$

III.14 Personalbedarfsrechnung

Jahr	1	2	3
Bestand			
- Mitarbeiterabgang			
= voraussichtlicher Bestand			
- voraussichtlicher Bedarf			
= Unterdeckung / Überdeckung			

IV VOLKSWIRTSCHAFT FÜR DIE HANDELSPRAXIS

IV.1 Bruttowertschöpfung

Summe aller Umsätze – Vorleistungen

IV.2 Bruttoinlandsprodukt

Summe aller in einer Volkswirtschaft erbrachten Wertschöpfungen

IV.3 Vom Bruttoinlandsprodukt zum Volkseinkommen

Bruttoinlandsprodukt zu Marktpreisen
- Abschreibungen
= Nettoinlandsprodukt zu Marktpreisen
- Gütersteuern (indirekte Steuern)
+ Gütersubventionen (Subventionen)
= Nettoinlandsprodukt zu Faktorkosten
- Einkommen der Ausländer im Inland
+ Einkommen der Inländer im Ausland
= Volkseinkommen

IV.4 Lohnquote

$$\frac{\text{Bruttoeinkommen aus unselbständiger Arbeit} \times 100}{\text{Volkseinkommen}}$$

IV.5 Leistungsbilanz

Handelsbilanz
+ Dienstleistungsbilanz
+ Einkommensbilanz
+ Übertragungsbilanz
= Leistungsbilanz

IV.6 Außenbeitrag

= Saldo der Leistungsbilanz bzw. Exporte - Importe

IV.7 Buchgeldschöpfung

$$\frac{\text{Erste Einlage (€)} \times 100}{\text{Barreservesatz in \%} + \text{Mindestreservesatz in \%}}$$

IV.8 Buchgeldschöpfungsmultiplikator

$$\frac{100}{\text{Barreservesatz in \%} + \text{Mindestreservesatz in \%}}$$

IV.9 Preisindex

$$\frac{\text{Preis im aktuellen Jahr} \times 100}{\text{Preis des Vorjahres}}$$

IV.10 Verbraucherpreisindex (VPI)

Berechnung nach dem Laspeyres-Index

$$\frac{\sum(\text{Preise des Berichtsjahres} \times \text{Mengen des Berichtsjahres})}{\sum(\text{Preise des Basisjahres} \times \text{Mengen des Basisjahres})} \times 100$$

oder $\frac{\sum(p_1 \times q_{1)}}{\sum(p_0 \times q_{0)}}$

IV.11 Inflationsrate

$$\frac{(\text{Preisindex der lauf. Periode}) - (\text{Preisindex der Vergleichsperiode}) \times 100}{\text{Preisindex der Vergleichsperiode}}$$

IV.12 Magisches Viereck

- Hoher Beschäftigungsgrad
- Stabilität des Preisniveaus
- außenwirtschaftliches Gleichgewicht
- angemessenes, stetiges Wirtschaftswachstum

IV.13 Arbeitslosenquote

$$\frac{\text{Zahl der Arbeitslosen}}{\text{Zahl der Erwerbspersonen}} \text{x} 100$$

IV.14 Angebots- und Nachfrageverlauf

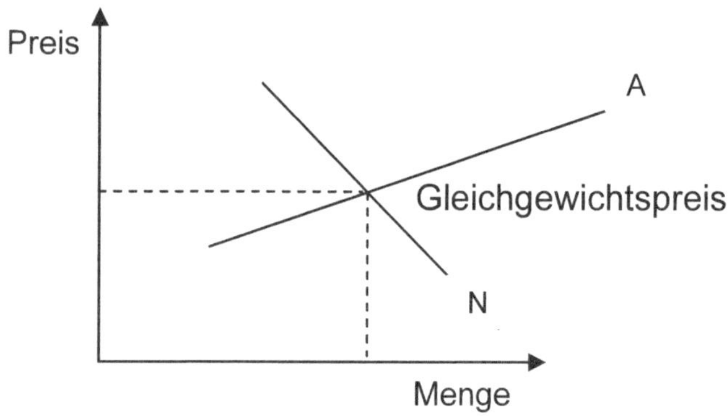

IV.15 Preiselastizität der Nachfrage

$$\frac{\text{relative Mengenänderung}}{\text{relative Preisänderung}}$$

- Elastische Nachfrage

Relative Mengenänderung > relative Preisänderung.
Der absolute Quotient > 1

- Unelastische Nachfrage:

Relative Mengenänderung < als relative Preisänderung.
Der absolute Quotient < 1

- Starre Nachfrage:

Die nachgefragte Menge ändert sich bei einer Preisänderung überhaupt nicht.

IV.16 Einkommenselastizität der Nachfrage

$$\frac{\text{relative Mengenänderung}}{\text{relative Einkommensänderung}}$$

IV.17 Kreuzpreiselastizität (Triffinscher Koeffizient)

$$\frac{\text{prozentuale Änderung der Nachfrage des Gutes A}}{\text{prozentuale Preisänderung des Gutes B}}$$

- Substitutionslücke (T=0): Keine Konkurrenzbeziehung. Das Absatzvolumen des Gutes A ändert sich nicht, wenn bei Gut B der Preis verändert wird.

- Homogene Konkurrenz (T=∞): Eine Preissenkung (Preiserhöhung) bei Gut A sorgt für einen starken Einbruch (Anwachsen) der Absatzmenge für B.

- Heterogene Konkurrenz (0<T<∞): Je stärker die Heterogenität zwischen A und B, desto geringer ist die Konkurrenzbeziehung (und T).

IV.18 Gewinnquote

$$\frac{\text{Bruttoeinkommen aus Unternehmertätigkeit und Vermögen}}{\text{Volkeinkommen}} \times 100$$

V BESCHAFFUNG UND LOGISTIK

V.1 Optimale Bestellmenge (Andler'sche Formel)

$$x_{opt} = \sqrt{\frac{200 \times \text{Jahresbedarfsmenge} \times \text{Bestellkosten}}{\text{Einstandspreis je Mengeneinheit} \times \text{Lagerhaltungskostensatz}}}$$

V.2 Lagerkostensatz

$$\frac{\text{Lagerkosten} \times 100}{\text{durchschnittlicher Lagerbestand}}$$

V.3 Lagerhaltungskostensatz

$$\text{Lagerkostensatz} + \text{kalkulatorischer Zinssatz des Unternehmens}$$

V.4 Lagerquote

$$\frac{\text{Lagerbes tan d} \times 100}{\text{Umsatz}}$$

V.5 Termintreue

$$\frac{\text{Anzahl der termingerecht ausgelieferten Aufträge} \times 100}{\text{Anzahl aller ausgelieferten Aufträge}}$$

V.6 Make or Buy (Formel für die Übergangsmenge)

$$\frac{\text{Fixe Gesamtkosten}}{\text{Einstandspreis} - \text{variable Stückkosten}} = \frac{K_f}{ep - k_v}$$

V.7 ABC-Analyse

Vorgehen:

- Erfassung aller Werte mengen- und wertmäßig
- Ordnen der Werte in Rangfolge
- Einteilung der Werte in A-, B- und C-Bereiche

Kundeneinteilung:

Kunden	Mengenanteil in %	Wertanteil in %
A-Kunden	15	80
B-Kunden	35	15
C-Kunden	50	5

V.8 XYZ-Analyse

Einteilung der Werte (Produkte) nach Regelmäßigkeit

- X-Artikel: konstanter Verbrauch, Schwankungen selten
- Y-Artikel: stärkere Schwankungen (trendmäßig oder saisonal)
- Z-Artikel: völlig unregelmäßiger Verbrauch

V.9 Lagerumschlag (Umschlagshäufigkeit)

$$\frac{\text{Wareneinsatz (bzw. Warenumsatz)}}{\text{durchschnittlicher Lagerbestand zu Einstandspreisen}}$$

V.10 Lagerdauer

$$\frac{360}{\text{Umschlagshäufigkeit}}$$

V.11 Lagerbestand, durchschnittlicher

$$\frac{\text{Anfangsbestand} + \text{Endbestand}}{2} \text{ oder}$$

$$\frac{\text{Anfangsbestand} + 12\,\text{Monatsbestände}}{13}$$

V.12 Lagerreichweite

$$\frac{\text{durchschnittlicherLagerbestand}}{\text{Verbrauch pro Tag /Monat}}$$

V.13 Lagerzinssatz

$$\frac{\text{Zinssatz p.a. (= marktüblicher Zinssatz)} \times \text{durchschn. Lagerdauer in Tagen}}{360\ \text{Tage}}$$

V.14 Lagerzinsen

$$\frac{\text{durchschnittlicher Lagerbestand x Lagerzinssatz}}{100}$$

V.15 Meldebestand

Verbrauch pro Tag x Lieferzeit + Mindestbestand

V.16 Sicherheits- / Mindestbestand

Durchschn. Verbrauch x Beschaffungszeit pro Periode x Lieferbereitschaftsgrad (%)

V.17 Lieferbereitschaftsgrad

$$\frac{\text{Anzahl der vollständig ausgeführten Bestellungen} \times 100}{\text{Anzahl der gesamten Bestellungen}}$$

V.18 Lagerintensität

$$\frac{\text{Lagerwert}}{\text{Gesamtkapital}}$$

V.19 Lieferzuverlässigkeit / Termintreue / Lieferpünktlichkeit

$$\frac{\text{Anzahl termingerechter Lieferungen}}{\text{Gesamtzahl der Lieferungen}}$$

V.20 Fehllieferungsquote

$$\frac{\text{Anzahl der Fehllieferungen} \times 100}{\text{Gesamtzahl der Lieferungen}}$$

V.21 Einkaufsquote

$$\frac{\text{Einkaufsvolumen}}{\text{Umsatz}}$$

V.22 Auslastungsgrad des Lagers / Flächennutzungsgrad

$$\frac{\text{belegte Lagerplätze} \times 100}{\text{gesamte Lagerplätze}}$$

V.23 Fehlerquote

$$\frac{\text{Kommissionierfehler}}{\text{Gesamtzahl der Kommissionierungen}}$$

V.24 Durchschnittlicher Umsatz je Kunde

$$\frac{\text{Gesamtumsatz in €}}{\text{Anzahl der Kunden}}$$

V.25 Durchschnittliche Auftragsgröße

$$\frac{\text{Anzahl der ausgelieferten Artikel}}{\text{Anzahl der Aufträge}}$$

V.26 Distributionskosten je Auftrag

$$\frac{\text{Gesamtkosten der Distribution}}{\text{Anzahl der bearbeiteten Aufträge}}$$

V.27 Bezugskostenquote

$$\frac{\text{Bezugskosten der Periode} \times 100}{\text{Einkaufsvolumen}}$$

V.28 Durchschnittliche Kosten der Auftragsabwicklung

$$\frac{\text{Gesamtkosten der Auftragsabwicklung}}{\text{Anzahl der bearbeiteten Aufträge}}$$

V.29 Servicegrad

$$\frac{\text{Anzahl der termingemäß ausgelieferten Sendungen} \times 100}{\text{Gesamtzahl der ausgelieferten Sendungen}}$$

V.30 Beanstandungsquote / Mängelquote

$$\frac{\text{Zahl der Beanstandungen / Mängel} \times 100}{\text{Gesamtzahl der ausgelieferten Sendungen}}$$

V.31 Transportkosten je Transportauftrag

$$\frac{\text{Gesamtkosten der Transporte}}{\text{Anzahl der Transportaufträge}}$$

V.32 Produktivität der Transportabwicklung

$$\frac{\text{Sendungsanzahl}}{\text{Arbeitstage}}$$

V.33 Fehltransportquote

$$\frac{\text{Anzahl der Fehltransporte}}{\text{Gesamtzahl der Transporte}}$$

V.34 Beschwerdenquote

$$\frac{\text{Anzahl der Beschwerden} \times 100}{\text{Gesamtzahl der gelieferten Sendungen}}$$

V.35 Entsorgungslogistikkosten

$$\frac{\text{Entsorgungslogistikkosten} \times 100}{\text{Gesamte Logistikkosten}}$$

V.36 Wiederverwertungsquote

$$\frac{\text{wiederverwerteter Abfall} \times 100}{\text{gesamter Abfall}}$$

V.37 Entsorgungsmenge je Produkt

$$\frac{\text{Entsorgungsmenge}}{\text{produzierte Anzahl von Gütern}}$$

V.38 Beschaffungslogistische Kosten

$$\frac{\text{Beschaffungskosten} \times 100}{\text{Einkaufsvolumen in €}}$$

V.39 Durchschnittliche Lagerplatzkosten

$$\frac{\text{gesamte Lagerkosten pro Jahr}}{\text{Anzahl der Lagerplätze}}$$

V.40 Durchschnittliche Kommissionierzeit je Auftrag

$$\frac{\text{gesamte Kommissionierzeit pro Tag / Monat}}{\text{Anzahl der Aufträge pro Tag / Monat}}$$

V.41 Kommissionierkosten je Auftrag

$$\frac{\text{Kommissionierkosten gesamt}}{\text{Anzahl der Kommissionieraufträge}}$$

V.42 Lagerverlust je Periode

$$\frac{\text{Fehlende / defekte Waren je Periode} \times 100}{\text{Durchschnittlicher Lagerbestand}}$$

V.43 Eigentransportquote

$$\frac{\text{Anzahl der eigenen Transporte} \times 100}{\text{Anzahl der Gesamttransporte}}$$

V.44 Verhältnis Eigentransportkosten zu Fremdtransportkosten

$$\frac{\text{fixe und variable Kosten je km}}{\text{Fremdtransportkosten je km}}$$

VI AUßENHANDEL

VI.1 Einfuhrabgabe

Zölle + Einfuhrumsatzsteuer

VI.2 Instrumente der Handelspolitik

Instrumente der Handelspolitik					
National		**bilateral**		**multilateral / international**	
Arten	**Ziele**	**Arten**	**Ziele**	**Arten**	**Ziele**
Zölle	Preiserhöhung	Handelsverträge	langfristige Regelung der Handelsbeziehungen	GATT / WTO	Abbau von Zoll- und Handelshemmnissen
Subventionen	Preissenkung	Handelsabkommen	kurzfristige Vereinbarung konkreter Maßnahmen	Zoll- und Handelsabkommen der EU	wechselseitige Präferenzen
Kontingente	Mengenbeschränkung			Rohstoffabkommen	Warenvereinbarung zw. Erzeuger- und Verbraucherländern
Ein- bzw. Ausfuhrverbote	Verhinderung von Wirtschaftsbeziehungen				
nicht tarifäre Handelshemmnisse	willkürliche / verdeckte Behinderung				

VI.3 Wichtige Institutionen für den Außenhandel

- Industrie- und Handelkammern
- Außenhandelskammern
- Internationale Handelkammer
- Auslandsvereine
- Statistisches Bundesamt
- Bundesagentur für Außenhandelsinformationen
- im Auslandsgeschäft tätige Kreditinstitute
- wirtschafts-wissenschaftliche Institute

VI.4 Zolllager

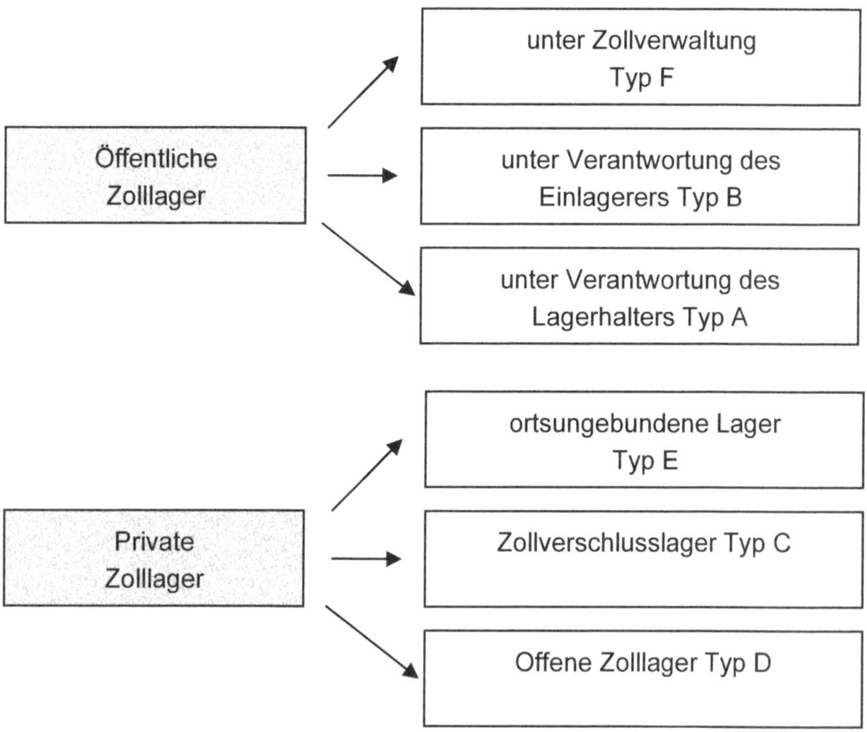

VI.5 Incoterms

- EXW (ex works): ab Werk
- FCA (free carrier): frei Frachtführer
- FAS (free alongside ship): frei Längsseite Schiff
- FOB (free on board): frei an Bord
- CFR (cost and freight): Kosten und Fracht
- CIF (cost, insurance, freight): Kosten, Versicherung, Fracht
- CPT (carriage paid to ...): frachtfrei bis
- CIP (carriage and insurance paid to ...): frachtfrei versichert
- DAF (delivered at frontier): geliefert Grenze
- DES (delivered ex ship): geliefert ab Schiff
- DEQ (delivered ex quay): geliefert ab Kai
- DDU (delivered duty unpaid): geliefert unverzollt
- DDP (delivered duty paid): geliefert verzollt und versteuert

VI.6 Grundformen des Außenhandels

Direkter Export – Indirekter Export
Direkter Import – Indirekter Import
Transithandel

VI.7 Ursprungsnachweise

- Ursprungszeugnis: Formelle Erklärung über die (überwiegende) Herstellung im Exportland
- Ursprungserklärung: Formlose Erklärung des Exporteurs
- Warenverkehrsbescheinigung: Erklärung des Exporteurs über die Herstellung der Ware in einem Land, mit dem die EU ein Abkommen geschlossen hat.
- Zollfaktura: Unterlage für die Verzollung, Bescheinigung des Ursprungslandes

VI.8 Exportkalkulation (Beispiel Landtransport)

Selbstkosten
+ Gewinn
+ Exportverpackung
= Angebotspreis ab Werk (EXW)
+ Verladekosten
= Angebotspreis frei Frachtführer (FCA)
+ Transportkosten bis Grenze
= Angebotspreis frei Grenze / unversichert (DAF)
+ Transportkosten bis Bestimmungsort
= Angebotspreis frachtfrei (CPT)
+ Kosten für Transportversicherung
= Angebotspreis frachtfrei / versichert (CIP) oder
= Angebotspreis geliefert unverzollt (DDU)
+ Einfuhrabfertigung/-abgaben
= Angebotspreis geliefert verzollt (DDP)

VI.9 Importkalkulation (am Beispiel Landtransport)

Kaufpreis ab Werk (EXW)
+ Verladekosten
= Kaufpreis frei Frachtführer (FCA)
+ Transportkosten bis Grenze
= Kaufpreis frei Grenze / unversichert (DAF)
+ Transportkosten bis Bestimmungsort
= Kaufpreis frachtfrei (CPT)
+ Kosten für Transportversicherung
= Kaufpreis frachtfrei / versichert (CIP) oder
= Kaufpreis geliefert unverzollt (DDU)
+ Einfuhrabfertigung / -abgaben
= Kaufpreis geliefert verzollt (DDP)

VI.10 Risikoarten im Außenhandel

Ökonomische Risiken	**Länderrisiken**
• Marktrisiko • Preisrisiko • Kreditrisiko • Lieferungs- und Annahmerisiko • Kursrisiko • Transportrisiko • Standortrisiko	• politisches Risiko • Zahlungsverbots- und Moratoriumsrisiko • Transfer- und Konvertierungsrisiko • rechtliches Risiko • sozio-kulturelles Risiko

VI.11 Lieferantenkreditversicherungen

Ausfuhrgarantien – Ausfuhrbürgschaften

VI.12 Kapitalkosten für den Transportweg / Finanzierung der Transportdauer

$$\frac{\text{Warenwert} \times \text{durchschnittliche Kapitalkosten (\%)} \times \text{Versanddauer}}{100 \times 360}$$

VI.13 Versicherungswert

Handelswert der Ware
+ Frachtkosten
+ Versicherungskosten
+ Nebenkosten
+ imaginärer Gewinn

VI.14 Entschädigung bei Transportversicherungen

$$\frac{\text{Versicherungssumme}}{\text{Versicherungswert}} \times \text{Schadenshöhe}$$

VI.15 Auslandsmarktkapazität

Anzahl aller Bedarfsträger im Auslandsmarkt • erwarteter Maximalverbrauch je Bedarfsträger

VI.16 Auslandsmarktpotential

Anzahl aller Bedarfsträger im Auslandsmarkt • erwarteter Durchschnittsverbrauch je Bedarfsträger • Kaufkraft

VI.17 Auslandsmarktvolumen

Verkaufte Einheiten im Auslandsmarkt • Verkaufspreis

VI.18 Auslandsmarktanteil

$$\frac{\text{Eigener Umsatz bzw. Absatz im Auslandsmarkt} \times 100}{\text{Marktvolumen des Auslandsmarktes}}$$

VI.19 Haftungshöchstbetrag im Frachtgeschäft

Kilogramm des Rohgewichts • Rechnungseinheit • 8,33

nach § 431 HGB: Rechnungseinheit = Sonderziehungsrecht des Int. Währungsfond. Rohgewicht der gesamten Sendung, wenn die gesamte Sendung entwertet ist, Rohgewicht des entwerteten Teils der Sendung, wenn nur ein Teil der Sendung entwertet ist.

Diese Gesetzessammlung dürfen Sie mit in die Fachwirte-Prüfung nehmen:

Alle relevanten Gesetze und Verordnungen aus dem Bürgerlichen Recht, Handelsrecht, Arbeitsrecht, Wettbewerbsrecht und vielen weiteren Rechtsgebieten. Insgesamt 58 Gesetze (Stand: 2023)

Jährlich aktualisiert

Detaillierte Inhaltsübersicht und ausführlicher Index

Nur 25 €

Der verantwortliche Redakteur, RA Rolf H. Stich, ist selbst Dozent in verschiedenen Fachwirte-Studiengängen und Mitglied eines IHK-Prüfungsausschusses.

Fachbücher zur Weiterbildung

Fachbuch Gepr. Handelsfachwirt 4.A
Das umfassende Fachwissen nach dem Rahmenplan.
Mit sehr vielen Praxisfällen.
13 Handelsspezialisten haben an diesem Buch mitgeschrieben.
924 S., 74 €

Gepr. Handelsfachwirt to go, 3.A.
Das gesamte Fachwissen – superkompakt zum Nachlernen
und zur Prüfungsvorbereitung.
Besser, als wenn Sie selbst alles mitgeschrieben hätten.
133 S.,11 €

Intensivtraining Gepr. Handelsfachwirt, 16.A
Die Prüfungsvorbereitung mit Aufgaben und Lösungen
auf der Grundlage der letzten IHK-Prüfungen.
343 S. 25 €

Formelsammlung für Handelsfachwirte, 4. A
Eine Sammlung der in der Praxis wichtigsten Formeln
zur Prüfungsvorbereitung
74 S., 9,80 €

Fachbuch Gepr. Fachwirt f. Vertrieb im Einzelhandel
Das umfassende Fachwissen nach dem Rahmenplan.
Mit sehr vielen Praxisfällen.
An diesem Buch haben elf Handelsspezialisten mitgeschrieben.
783 S., 69 €

Intensivtraining Wirtschaftsbezogene Qualifikationen 4.A.
Die Vorbereitung für viele Fachwirte-Prüfungen mit den aktuellen
Aufgaben zum Handlungsbereich Wirtschaftsbezogene Qualifikationen.
169 S., 17 €.

Fachbuch Gepr. Wirtschaftsfachwirt
Das umfassende Wissen nach dem Rahmenplan.
Mit sehr vielen Praxisfällen.
Das Buch enthält die beiden Prüfungsgebiete
– wirtschaftsbezogene und
– handlungsspezifische Qualifikationen.
Das unterscheidet es von anderen Lehrbüchern.
14 Spezialisten aus den verschiedensten Bereichen der Wirtschaft haben an diesem Buch mitgeschrieben.
987 S., 74 €

Intensivtraining Gepr. Wirtschaftsfachwirt 7.A.
Die Prüfungsvorbereitung mit Aufgaben und Lösungen auf der Grundlage der letzten IHK-Prüfungen.
307 S., 25 €

Fachbuch Gepr. Fachwirt im Gesundheits- und Sozialwesen
Das umfassende Fachwissen nach dem Rahmenprogramm.
Mit sehr vielen Praxisfällen.
15 Spezialisten aus verschiedenen Bereichen des Gesundheits- und Sozialwesens haben an diesem Buch mitgeschrieben.
812 S., 69 €

Intensivtraining Gepr. Fachwirt Gesundheits- und Sozialwesen 8.A.
Die Prüfungsvorbereitung mit Aufgaben und Lösungen auf der Grundlage der letzten IHK-Prüfungen.
246 S., 25 €

Intensivtraining Gerontopsychiatrische Fachkraft
Die Prüfungsvorbereitung mit Aufgaben und Lösungen auf der Grundlage der letzten Prüfungen.
239 S., 18 €